ワイヤーとレジンで作る
可憐な花のアクセサリー

Tsukiuni

産業編集センター

桜(ブローチ、ネックレス P20)

チューリップ（耳飾り　P27）

ガーベラ（リング　P35）

紫陽花（耳飾り　P42）

プルメリア（ブレスレット　P48）

向日葵（リング　P54）

薔薇（イヤーカフ　P64）

金木犀（ブレスレット　P76）

桔梗（リング　P83）

シクラメン（ブローチ、ネックレス　P90)

スノードロップ（イヤーカフ　P97）

椿（リング　P104）

はじめに

私は小さい頃から何かを生み出すのが好きでした。小学生の頃はビーズのアクセサリー、中学生になると絵や小説を見よう見まねで書いてみたり…社会人になってからは毎日が大変で好きな物に触れる機会がなくなっていきました。そんな日々を過ごしていましたが、5年前にきっかけがあり仕事を辞めることになりました。

私はじっとしていられるタイプではないので、何か家でも出来る事がないかな？と考えました。
そして高校生の時に出会い、ずっと憧れていたアクセサリー作りをしてみる事にしたのです。

色んな情報に触れながら自分なりの制作方法を見つけ、ワイヤーレジンアクセサリーを作っています。

ワイヤーは作る人の技術次第で、どんな物でも作れると思います。私も作れる物を増やせるように日々精進しているところです。
レジンは着色料や着色の仕方でどんな色でも作れるので、表現の幅が広がりやすいと考えています。
そんな自由さのある2つを掛け合わせる事で生まれる無限の可能性。これがワイヤーレジンアクセサリー作家が感じる魅力です。

初心者さん向けに中サイズのお花のアクセサリーをご紹介していますが、慣れてくるとさらに大きく作ったり、小さく作ったり、更にはお花以外の物を作ったり…本当にたくさんの選択肢があります。
ぜひワイヤーレジンアクセサリーの世界を楽しんでください！

Tsukiuni

Contents

　　はじめに　　　　　　　　　　14
　　道具と材料　　　　　　　　　16
　　基本の動作　めがね留めの手順　17

Spring　　19

　桜（ブローチ、ネックレス2Way）　20
　チューリップ（耳飾り）　27
　ガーベラ（リング）　35

Summer　　41

　紫陽花（耳飾り）　42
　プルメリア（ブレスレット）　48
　向日葵（リング）　54

Autumn　　63

　薔薇（イヤーカフ）　64
　金木犀（ブレスレット）　76
　桔梗（リング）　83

Winter　　89

　シクラメン（ブローチ、ネックレス2Way）　90
　スノードロップ（イヤーカフ）　97
　椿（リング）　104

＜註＞p20から始まる作り方ページのタイトル下に作品実寸を記しています。
　　　（パーツ名：縦サイズ×横サイズmm）

道具と材料

基本の道具　全工程で使用

1. UV-LEDレジン(ハードタイプ)
   レジンは100円ショップでも購入可能です。
2. 平ヤットコ
3. 丸ヤットコ
4. ニッパー
   2-4は貴和製作所にセット販売している物があるので、初心者さんにはそちらがオススメです。
5. ディップ液(クリア)
6. ゲージスティック
7. シリコンカップ
8. 調色スティック
9. ミラクルピックアッパー
   5-9は楽天市場にて購入可能。

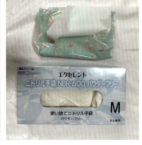

UV-LEDライト
　初心者さんには貴和製作所のレジンプラスLED & UVランプがオススメです。

ゴム手袋
　レジンが手につかないように使用します。

ティッシュ
　スティックについたレジンを拭く時に使います。

基本の道具　材料

1. ワイヤー 28GA
2. ワイヤー 26GA
   ワイヤーはゲージ数(太さ)が合っていれば、銅製の物でも制作可能です。
3. メラミンスポンジ
   100円ショップで購入可能。
4. レジン用着色剤

基本の動作 めがね留めの手順

1

ワイヤーの片方をニッパーでカットする。

2

残ったワイヤーを直角に曲げる。

3

丸ヤットコでワイヤーの根元を掴む。

4

ワイヤーを丸ヤットコに巻き付けるように下に持ってくる。

5

輪を作り、付け根に巻き付ける。

6

そのまま下に向かって丁寧に巻き付けていく。

7

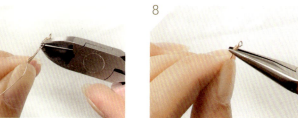

ねじった部分を隠すように巻き付けたら、余ったワイヤーをニッパーでカットする。

8

カットした部分を平ヤットコで軽く押さえる。

9

めがね留めの完成。

Spring

桜

チューリップ

ガーベラ

Spring

桜
－ブローチ、ネックレス 2way －

（花：20 × 20mm）

必要な材料

1. シャワーブローチ ゴールド15mm
2. メタルパーツ フラワー NO.2
3. 貴和クリスタル #2058 ジョンキル/F SS7
4. 丸カン ゴールド6mm
5. チェーンネックレス

1

レジンを適量シリコンカップに入れ、好きな色に着色する。（こちらは白2滴＋ピンク少々と白1滴＋赤少々＋紫少々）

2

埃が入らないように蓋をして、気泡が抜けるまで置いておく。（LED照明や陽の光に反応して固まってしまう為、光が当たらない所に置いておく）

3

26ゲージのワイヤーを25cmにカットする。

4

ワイヤーの5cmあたりを少し折り曲げる。

5

ワイヤーをゲージスティックの8mmに巻き付ける。

6

折り曲げた部分と重なるように根元を押さえて、1回転させる。

7

ねじった部分をスティックに添うように倒す。

8

ゲージスティックに巻き付ける。

9

根元を押さえて1回転させる。

10

7〜9を繰り返し、5つの輪を作る。

11

ゲージスティックから優しく抜き取る。

12

1番目の輪と5番目の輪が隣合わせになるように、輪を広げる。

13

ワイヤー1本を下から上にくるように5番目の輪と4番目の輪の間へ通す。

Spring 桜 ―ブローチ、ネックレス2way―

14

上にきたワイヤーを中心へ通し、平ヤットコを使い下へ引っ張る。

15

2本のワイヤーを根元から緩くねじって1本にする。

16

平ヤットコで輪の上部を小さな谷折りにして、花びらの形を作る。

17

5枚全ての花びらが出来たら桜の形になるように整える。

Spring

桜 ―ブローチ、ネックレス2way―

18

指で優しく花びらに動きをつける。

19

ディップ液にお花部分を浸す。

20

斜めにゆっくりと引き上げ、余分な液を落とす。

21

スポンジにワイヤーを差して1時間ほど乾燥させる。

22

手袋をつける。

23

ディップ液が完全に乾燥したら、着色しておいたレジンを花びらにグラデーションになるように塗り広げ、UV-LEDライトを10秒ほど当てて仮硬化する。

24

残りの花びらもこれを繰り返す。

25
全てのパーツにレジンを塗り終わったら2分硬化する。

23

26

桜パーツの中心に少量のレジンを垂らす。

27

メタルパーツを置き、仮硬化する。

28

メタルパーツの中心に少量のレジンを垂らす。

29

ミラクルピックアッパーでクリスタルを置き、仮硬化する。

30

花びら1枚に薄くレジンを塗り広げ(コーティング)、仮硬化する。

31

残りの花びらもこれを繰り返す。

32

全ての花びらをコーティングしたら4〜6分ほど硬化する。(レジンがベタベタしなくなるまで硬化が必要)

33

桜パーツを裏返し、コーティングする。4〜6分ほど硬化する。(32と同様)

34

ねじっていたワイヤー部分を解き、2本に戻す。

Spring

桜 —ブローチ、ネックレス2way—

35

ブローチの金具部分とシャワー台を外す。

36

シャワー台の中心付近に2本のワイヤーをそれぞれ通す。

37

下にきたワイヤーの片方を中心の穴に通し、平ヤットコで引っ張る。

38

上にきたワイヤーをはじめに通した穴に通し、平ヤットコで引っ張る。もう1度繰り返す。37、38をもう一方のワイヤーでも行い、桜パーツをシャワー台に固定する。

39

余ったワイヤーをニッパーでカットする。

40

ブローチ金具にシャワー台を取り付ける。

41

ブローチ金具についている爪を平ヤットコで倒し、シャワー台をしっかり固定する。

25

ブローチの完成。

チェーンネックレスに丸カンを通す。

丸カンにブローチを取り付ける。

ネックレスの完成。

Spring
チューリップ
－ 耳飾り －
（花：15×10mm 茎：30mm 葉：30×8mm）

必要な材料

1. ツイスト フレーム付 イヤリング ゴールド パール6mm
2. Cカン ゴールド 0.6×3×4mm ×2
   〈1-2貴和製作所にて購入〉
3. ゲージパイプ 2cm（スティックのり等、筒状のもので代用可能）

1

レジンを適量シリコンカップに入れ、好きな色に着色する。（こちらは白1滴＋赤2滴と白1滴＋緑2滴＋黒少々）

2

埃が入らないように蓋をして、気泡が抜けるまで置いておく。（LED照明や陽の光に反応して固まってしまう為、光が当たらない所に置いておく）

3

26ゲージのワイヤーを40cmに2本カットする。

4

ワイヤーの6cmあたりを少し折り曲げる。

5

ゲージスティックの10mmに巻き付ける。

6

桜6〜9（P21）参照。

7

4つの輪を作る。

8

ゲージスティックから優しく抜き取る。

9

1番目の輪と4番目の輪が隣合わせになるように、輪を広げる。

Spring

チューリップ ―耳飾り―

10 ワイヤー1本を下から上にくるように4番目の輪と3番目の輪の間へ通す。

11 上にきたワイヤーを中心へ通し、平ヤットコを使い下へ引っ張る。

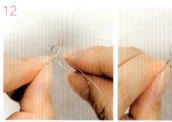

12 根元からワイヤーをねじって茎部分を作る。

13 幅が均等になるよう丁寧に3cmねじる。

14 長い方のワイヤーを下から上にくるようにゲージパイプに巻き付ける。

15 ゲージパイプを2回転させて、ゲージパイプを抜き取る。

16 茎の上部のワイヤーを3回ねじる。

17

平ヤットコで花びらの形を作る。

18

  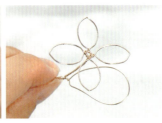

全ての花びらが出来たらバランス良く形を整える。

19

平ヤットコで葉の形を作る。

20

ゲージパイプに軽く押し付け、緩やかなカーブをつける。

21

花びらを丸ヤットコで上向きにする。

Spring

チューリップ ―耳飾り―

22

指で花びら全体に動きをつける。

23

丸ヤットコで花びらの先端を少し内に曲げる。

24

もう1つのワイヤーでここまでの工程を行う。

25

ディップ液にお花部分を浸す。

26

斜めにゆっくりと引き上げ、余分な液を落とす。

27

ディップ液に葉の部分を浸す。

28

斜めにゆっくりと引き上げ、余分な液を落とす。

29

スポンジにワイヤーを差して1時間ほど乾燥させる。

31

30

手袋をつける。

31

ディップ液が完全に乾燥したら着色しておいたレジンを花びらに塗り広げ、UV-LEDライトを10秒ほど当てて仮硬化する。

32

残りの花びらもこれを繰り返す。

33

葉に着色したレジンを薄く塗り広げ、仮硬化する。

34

もう1度塗り広げ、仮硬化する。

35

全てのレジンを塗り終わったら2分硬化する。

36

花びらをチューリップの形になるように指で整える。

Spring

チューリップ ― 耳飾り ―

37
花びら1枚に薄くレジンを塗り広げ(コーティング)、仮硬化する。

38
残りの花びらもこれを繰り返す。

39
葉の表をコーティングし、仮硬化する。

40
葉の裏も同様。

41
全ての花びらをコーティングしたら4〜6分ほど硬化する。(レジンがベタベタしなくなるまで硬化が必要)

42
茎の上部のワイヤーでめがね留めを作る。(P17めがね留めの手順参照)

43
平ヤットコで茎部分を真っ直ぐになるよう優しく押さえる。

44
指で優しく葉の位置を整える。

45

丸ヤットコと平ヤットコを使い、Cカンを開ける。

46

Cカンにチューリップパーツを通す。

47

Cカンにイヤリング金具を通す。

48

Cカンを閉じる。

49

完成。

Spring
ガーベラ
ーリングー
（花：20 × 20㎜）

必要な材料

1. リング台 ダブル 丸皿付 8㎜ ゴールド
2. メタルパーツ デイジー ゴールド 6㎜
3. 貴和クリスタル #2058 ジョンキル/F SS7
〈1-3貴和製作所にて購入〉
4. 接着剤(クリアタイプ)

1

レジンを適量シリコンカップに入れ、好きな色に着色する。(こちらは白2滴＋ピンク1滴)

2

埃が入らないように蓋をして、気泡が抜けるまで置いておく。(LED照明や陽の光に反応して固まってしまう為、光が当たらない所に置いておく)

3

28ゲージのワイヤーを28㎝に2本カットする。

4

ワイヤーの5㎝あたりを少し折り曲げる。

5

ゲージスティックの6㎜に巻き付ける。

35

6

桜6〜9(P21)参照。

7

8つの輪を作る。

8

ゲージスティックから優しく抜き取る。

9

1番目の輪と8番目の輪が隣合わせになるように、輪を広げる。

10

ワイヤー1本を下から上にくるように8番目の輪と7番目の輪の間へ通す。

11

桜14.15(P22)参照。

12

丸ヤットコで花びらの形を作る。

13

指で優しく花びらに動きをつける。

14

もう1つのワイヤーでここまでの工程を
もう1度行う。

15

桜19〜21(P23)参照。

Spring ガーベラ ―リング―

16

手袋をつける。

17

ディップ液が完全に乾燥したら着色しておいたレジンを花びらに塗り広げ、UV-LEDライトを10秒ほど当てて仮硬化する。

18

残りの花びらもこれを繰り返す。

19

全てのパーツにレジンを塗り終わったら2分硬化する。

20

1つのガーベラパーツのワイヤーをニッパーで根元からカットする。

21

もう1つのガーベラパーツの中心にレジンを垂らす。

22

ワイヤーをカットしたガーベラパーツを乗せて、仮硬化する。

23

ガーベラパーツの中心にレジンを少量垂らす。

Spring

ガーベラ —リング—

24
メタルパーツを置き、仮硬化する。

25
メタルパーツの中心にレジンを少量垂らす。

26
ミラクルピックアッパーでクリスタルを置き、仮硬化する。

27
桜30〜32参照。

28
ガーベラパーツのワイヤーをニッパーで根元からカットする。

29
土台に接着剤を適量つける。

30
土台にガーベラパーツを乗せる。24時間(接着剤に記載されている完全接着時間)おいてしっかり固定する。

31
ガーベラパーツの裏をコーティングし、仮硬化する。

39

32

ガーベラパーツと土台の繋ぎ目を埋めるようにレジンを塗り、4〜6分硬化する。
(レジンがベタベタしなくなるまで硬化が必要)

33

完成。

Summer

紫陽花

プルメリア

向日葵

Summer
紫陽花
－耳飾り－
（花：15×15mm 茎：30mm）

必要な材料

1. イヤリング ネジ式 石付 ゴールド
2. ジョイントワイヤー カーブ 石付 クリスタル/G 0.4×30mm×2
3. Cカン ゴールド 0.6×3×4mm ×4
4. 丸カン ゴールド 6mm×2
5. 菊座 ゴールド 6mm×2
6. 貴和クリスタル #2058 クリスタル/F SS7×4
〈1-6 貴和製作所にて購入〉
7. ピンバイス
〈100円ショップにて購入〉

1
 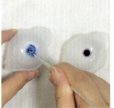 

レジンを適量シリコンカップに入れ、好きな色に着色する。（こちらは青1滴とパープル1滴）

2

埃が入らないように蓋をして、気泡が抜けるまで置いておく。（LED照明や陽の光に反応して固まってしまう為、光が当たらない所に置いておく）

3

26ゲージのワイヤーを23cmに2本カットする。

4
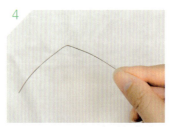

ワイヤーの5cmあたりを少し折り曲げる。

5

ゲージスティックの8mmに巻き付ける。

6

桜6〜9（P21）参照。

7

4つの輪を作る。

8

ゲージスティックから優しく抜き取る。

9

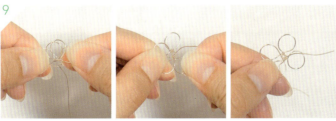

1番目の輪と4番目の輪が隣合わせになるように、輪を広げる。

10

ワイヤー1本を下から上にくるように4番目の輪と3番目の輪の間へ通す。

Summer 紫陽花 —耳飾り—

11

桜14.15（P22）参照。

12

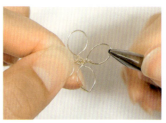

輪の上部を平ヤットコで軽く山折りにする。

13

平ヤットコで花びら全体のバランスを整える。

14

指で優しく花びらに動きをつける。

紫陽花 ― 耳飾り ― Summer

15

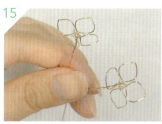

もう1つのワイヤーでここまでの工程を
もう1度行う。

16

桜19〜21（P23）参照。

17

手袋をつける。

18

ディップ液が完全に乾燥したら着色しておいたレジンをグラデーションになるように花
びらに塗り広げ、UV-LEDライトを10秒ほど当てて仮硬化する。

19

残りの花びらもこれを繰り返す。

20

全てのパーツにレジンを塗り終わったら
2分硬化する。

21

紫陽花パーツの中心にレジンを少量垂
らす。

22

ミラクルピックアッパーでクリスタルを4つ配置し、仮硬化する。

45

23

桜30～32（P24）参照。

24

ニッパーで紫陽花パーツのワイヤーを根元からカットする。

25

紫陽花パーツを裏返し、中心にレジンを垂らす。

26

ミラクルピックアッパーで菊座を置き、仮硬化する。

27

菊座の上からレジンを塗り広げ、仮硬化する。

28

花びら1枚にレジンを塗り広げ、仮硬化する。

29

残りの花びらもこれを繰り返す。全ての花びらをコーティングしたら4～6分ほど硬化する。（レジンがベタベタしなくなるまで硬化が必要）

30

ピンバイスを使い花びら上部に穴を開ける。（強い力を加えると裏面のレジンが剥がれてしまうので、徐々に削るイメージで進める）

Summer

紫陽花 ―耳飾り―

31 丸ヤットコと平ヤットコを使い、Cカンを開く。

32 Cカンに紫陽花パーツを通す。

33 Cカンにジョイントパーツを通す。

34 Cカンを閉じる。

35 丸カンを開く。

36 丸カンにジョイントパーツを通す。

37 丸カンを閉じる。

38 Cカンを開く。

39 Cカンに丸カンを通す。

40 Cカンにイヤリング金具を通す。

41 Cカンを閉じる。

42 完成。

Summer
プルメリア
― ブレスレット ―
（花：15 × 15mm）

必要な材料
1. チェーンブレス2連アジャスター付 ゴールド
2. チェコ ファイヤーポリッシュ オリーブAB 4mm ×12
3. Tピン ゴールド 0.5×20mm ×12
　〈1-3貴和製作所にて購入〉
7. ピンバイス
　〈100円ショップにて購入〉

1

レジンを適量シリコンカップに入れ、好きな色に着色する。（こちらは青1滴とパープル1滴）

2

埃が入らないように蓋をして、気泡が抜けるまで置いておく。（LED照明や陽の光に反応して固まってしまう為、光が当たらない所に置いておく）

3

26ゲージのワイヤーを23cmに2本カットする。

4

ワイヤーの5cmあたりを少し折り曲げる。

5

ゲージスティックの8mmに巻き付ける。

6

桜6〜15（P21, 22）参照。

プルメリア ―ブレスレット―

7

平ヤットコで輪の上部を山折りにする。

8

花びらの形を整える。

9

軽く押さえて平らにする。

10

桜19〜21（P23）参照。

50

Summer

プルメリア ―ブレスレット―

11
手袋をつける。

12
ディップ液が完全に乾燥したら着色しておいたレジン(白)を花びらに塗り広げ、UV-LEDライトを10秒ほど当てて仮硬化する。

13
残りの花びらもこれを繰り返す。

14
中心に着色しておいたレジン(黄)を垂らす。

15
レジンを5方向に広げ、2分硬化する。

16
桜30〜32（P24）参照。

17
ニッパーでワイヤーを根元からカットする。

51

18

裏面にも12〜16を行う。

19

ピンバイスで花びらの左右に穴を開ける。（強い力を加えると裏面のレジンが剥がれてしまうので、徐々に削るイメージで進める）

20

チェーンブレスレットのCカンを丸ヤットコと平ヤットコを使い開く。

21

Cカンにプルメリアパーツを通す。

POST CARD

料金受取人払郵便

小石川局承認

7741

差出有効期間
2025年
6月30日まで
(切手不要)

1 1 2 - 8 7 9 0
127

東京都文京区千石4-39-17

株式会社　産業編集センター
出版部　行

॥।।।·।।·।।·॥·।।·॥॥·।·॥·।।।··।·।·।·।·।·।·।·।·।·॥

★この度はご購読をありがとうございました。
　お預かりした個人情報は、今後の本作りの参考にさせていただきます。
　お客様の個人情報は法律で定められている場合を除き、ご本人の同意を得ず第三者に提供する
　ことはありません。また、個人情報管理の業務委託はいたしません。詳細につきましては、
　「個人情報問合せ窓口」(TEL：03-5395-5311〈平日10:00～17:00〉)にお問い合わせいただくか
　「個人情報の取り扱いについて」(http://www.shc.co.jp/company/privacy/)をご確認ください。

※上記ご確認いただき、ご承諾いただける方は下記にご記入の上、ご送付ください。

株式会社 産業編集センター　個人情報保護管理者

ふりがな
氏　名

（男・女／　　　歳）

ご住所　〒

TEL：

E-mail：

| 新刊情報をDM・メールなどでご案内してもよろしいですか？ | □可　□不可 |
| ご感想を広告などに使用してもよろしいですか？　□実名で可 | □匿名で可　□不可 |

ご購入ありがとうございました。ぜひご意見をお聞かせください。

■ お買い上げいただいた本のタイトル

ご購入日：　　　年　　月　　日　　書店名：

■ 本書をどうやってお知りになりましたか？
- □ 書店で実物を見て
- □ 新聞・雑誌・ウェブサイト（媒体名　　　　　　　　　　　　　　　）
- □ テレビ・ラジオ（番組名　　　　　　　　　　　　　　　　　　　）
- □ その他（　　　　　　　　　　　　　　　　　　　　　　　　　　）

■ お買い求めの動機を教えてください（複数回答可）
- □ タイトル　□ 著者　□ 帯　□ 装丁　□ テーマ　□ 内容　□ 広告・書評
- □ その他（　　　　　　　　　　　　　　　　　　　　　　　　　　）

■ 本書へのご意見・ご感想をお聞かせください

■ よくご覧になる新聞、雑誌、ウェブサイト、テレビ、よくお聞きになるラジオなどを教えてください

■ ご興味をお持ちのテーマや人物などを教えてください

ご記入ありがとうございました。

Summer

プルメリア　―ブレスレット―

22
Cカンを閉じる。

23
もう片方も同じように繋げる。

24
Tピンにチェコビーズを通す。

25
平ヤットコで余った部分を横に倒す。

26
1cmほど残し、余った部分はニッパーでカットする。

27
丸ヤットコで端から丸めていく。

28

丸める途中でチェーンに引っ掛け、再度丸ヤットコで丸めてチェーンに取り付ける。24〜28を繰り返して全てのパーツを取り付ける。

29
完成。

Summer
向日葵
ーリングー
（花：18 × 18mm）

必要な材料
1. リング台 ダブルクロス 丸皿付 4mm ゴールド
2. 貴和クリスタル #2088 スモークアンバー/F SS20
   〈1-2貴和製作所にて購入〉
3. 接着剤(クリアタイプ)

1

レジンを適量シリコンカップに入れ、好きな色に着色する。（こちらは黄2滴とオレンジ1滴+黒少々）

2

埃が入らないように蓋をして、気泡が抜けるまで置いておく。(LED照明や陽の光に反応して固まってしまう為、光が当たらない所に置いておく)

3

28ゲージのワイヤーを25cmに2本、20cmに1本カットする。

4

25cmワイヤーの5cmのあたりを少し折り曲げる。

5

ゲージスティックの6mmに巻き付ける。

Summer

向日葵 ―リング―

6

桜6〜9(P21)参照。

7

6つの輪を作る。

8

ゲージスティックから優しく抜き取る。

9

1番目の輪と6番目の輪が隣合わせになるように、輪を広げる。

10

ワイヤー1本を下から上にくるように6番目の輪と5番目の輪の間へ通す。

55

11

桜14.15（P22）参照。

12

平ヤットコで輪の上部を山折りにする。

13

全て山折りにしたら、花びらの形を整える。

14

指で優しく花びらに動きをつける。

15  **16**  **17**

もう1つの25cmにカットしたワイヤーで
ここまでの工程をもう1度行う。

20cmのワイヤーで5cmのあたりを少し折
り曲げる。

ゲージスティックの4mmに巻き付ける。

18

6〜11と同じ。

向日葵 —リング—

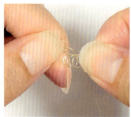

19

丸ヤットコで形を整える。

Summer

向日葵 ーリングー

20

指で優しく花びらに動きをつける。

21

桜19〜21(P23)参照。

22

手袋をつける。

23

ディップ液が完全に乾燥したら着色しておいたレジン(黄)を花びらに塗り広げ、UV-LEDライトを10秒ほど当てて仮硬化する。

24

残りの花びらもこれを繰り返す。

25

全てのパーツにレジンを塗り終わったら2分硬化する。

26

花芯パーツの1枚にレジン(茶)を塗り広げ、仮硬化する。

27

残りの枚数もこれを繰り返す。

28
全てのパーツにレジンを塗り終わったら2分硬化する。

29

1つの向日葵パーツのワイヤーをニッパーで根元からカットする。

30

もう1つの向日葵パーツの中心にレジンを垂らす。

31

ワイヤーをカットした向日葵パーツを乗せて、仮硬化する。

32

花芯パーツのワイヤーをニッパーで根元からカットする。

33

向日葵パーツ中心にレジンを少量垂らす。

34

花芯パーツを置き、仮硬化する。

35

花芯パーツの中心にレジンを少量垂らす。

36

ミラクルピックアッパーでクリスタルを置き、仮硬化する。

37

花びら1枚に薄くレジンを塗り広げ(コーティング)、仮硬化する。

38

これを残りの花びらと花芯にも行う。

39

全てをコーティングしたら4分〜6分ほど硬化させる。(レジンがベタベタしなくなるまで硬化が必要)

向日葵 —リング—

40

ガーベラ28〜32(P39, 40)参照。

41

完成。

Autumn

薔薇

金木犀

桔梗

Autumn
薔薇
－イヤーカフ－
（花：17×17mm）

必要な材料

1. イヤーカフ 丸皿付 ゴールド 12mm
2. ピアス用ゴム PT-1 クリア
   〈1-2貴和製作所にて購入〉
3. 接着剤(クリアタイプ)

1

レジンを適量シリコンカップに入れ、好きな色に着色する。（こちらは白2滴と黄1滴）

2

埃が入らないように蓋をして、気泡が抜けるまで置いておく。(LED照明や陽の光に反応して固まってしまう為、光が当たらない所に置いておく)

3

28ゲージのワイヤーを25cmに1本、15cmに1本、13cmに1本カットする。

4

25cmのワイヤーで5cmあたりを少し折り曲げる。

5

ゲージスティックの8mmに巻き付ける。

Autumn

6

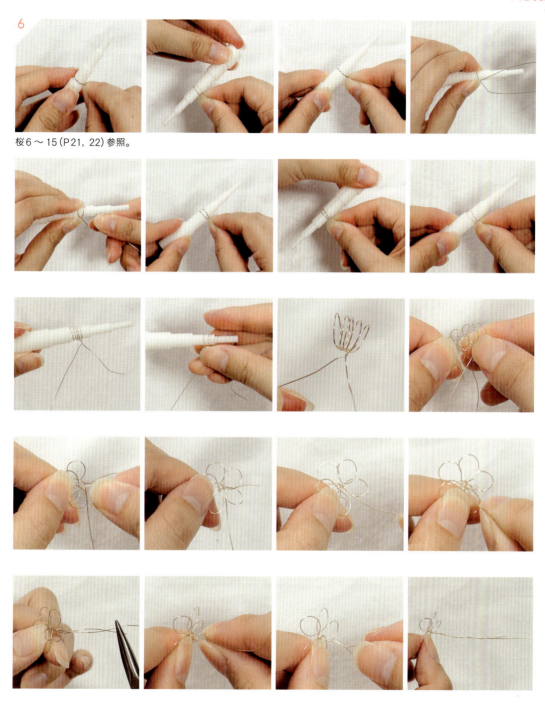

桜6〜15(P21,22)参照。

薔薇 —イヤーカフ—

7

15cmのワイヤーで4cmあたりを少し折り曲げる。

8

ゲージスティックの6mmに巻き付ける。

9

桜6〜9（P21）参照。

10

4つの輪を作る。

11

ゲージスティックから優しく抜き取る。

12

1番目の輪と4番目の輪が隣合わせになるように、輪を広げる。

13

ワイヤー1本を下から上にくるように4番目と3番目の間へ通す。

14

桜14.15参照

15

13cmのワイヤーで3cmあたりを少し折り曲げる。

16

ゲージスティックの4mmに巻き付ける。

Autumn

薔薇 ―イヤーカフ―

67

17

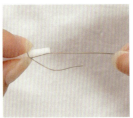

桜6〜9(P21)参照。

18

3つの輪を作る。

19

ゲージスティックから優しく抜き取る。

20

1番目の輪と3番目の輪が隣合わせになるように、輪を広げる。

Autumn

薔薇 ―イヤーカフ―

21

ワイヤー1本を下から上にくるように3番目の輪と2番目の輪の間へ通す。

22

13.14と同じ。

23

平ヤットコで5つの輪の上部を山折りにする。

24

山折り部分が少し尖るように平ヤットコで調整する。

69

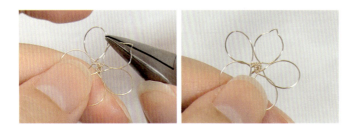

全ての花びらが出来たらバランス良く形を整える。

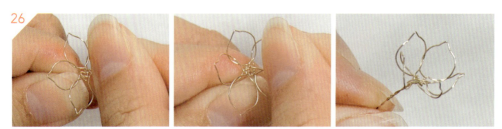

指で優しく上向きにする。

丸ヤットコで花びらの先端を外側へ少し折り曲げる。

Autumn

薔薇 ―イヤーカフ―

28

4つの輪を丸ヤットコで波打たせ、花びらの形を作る。

29
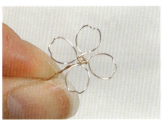

全ての花びらが出来たらバランス良く形を整える。

30

26.27と同じ。

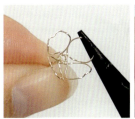

71

31

3つの輪を丸ヤットコで波打たせ、花びらの形を作る。

32

丸ヤットコで花びらを上向きにし、少し内側に曲げる。

33

桜19〜21(P23)参照。

Autumn

薔薇 ―イヤーカフ―

34

手袋をつける。

35

ディップ液が完全に乾燥したら着色しておいたレジンを花びらに塗り広げ、UV-LEDライトを10秒ほど当てて仮硬化する。

36

残りの花びらもこれを繰り返す。

37

全てのパーツにレジンを塗り終わったら2分硬化させる。

38

3枚の花びらパーツを内側に曲げる。

39

3枚の花びらパーツのワイヤーをニッパーで根元からカットする。

40

4枚の花びらパーツの中心にレジンを垂らす。

41

38を乗せ、仮硬化する。

42

41のワイヤーをニッパーで根元からカットする。

43

5枚の花びらパーツの中心にレジンを垂らす。

44

42を置き、仮硬化する。

45

花びら1枚に薄くレジンを塗り広げ(コーティング)、仮硬化する。これを残りの花びらも繰り返す。

46

全ての花びらをコーティングしたら4〜6分ほど硬化させる。(レジンがベタベタしなくなるまで硬化が必要)

47

ガーベラ28〜32(P39, 40)参照。

Autumn

薔薇 ―イヤーカフ―

48

49

イヤーカフの先にピアス用ゴムを装着する。

完成。

75

Autumn
金木犀
－ ブレスレット －
（花：20×20mm）

必要な材料

1. チャームブレス No.3（BFG160BF）ゴールド
2. チェコ ファイヤーポリッシュ Lt.エメラルドセルシアン6mm×8
3. シルキーパール ナチュラル6mm×8
4. メタルビーズ1 金×10
5. 貴和クリスタル シャネルストーン #1088 1カン Lt.コロラドトパーズ/G SS29
6. 丸カン ゴールド6mm
7. Cカン ゴールド0.6×3×4mm
〈1-7貴和製作所にて購入〉

1

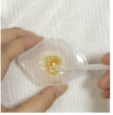

レジンを適量シリコンカップに入れ、好きな色に着色する。（こちらはオレンジ2滴とイエロー1滴）

2

埃が入らないように蓋をして、気泡が抜けるまで置いておく。（LED照明や陽の光に反応して固まってしまう為、光が当たらない所に置いておく）

3

28ゲージのワイヤーをニッパーで15cmに10本カットする。

4

ワイヤーの4cmあたりを少し折り曲げる。

5

ゲージスティックの4mmに巻き付ける。

Autumn

金木犀 ―ブレスレット―

6

桜6〜9(P21)参照。

7

4つの輪を作る。

8

ゲージスティックから優しく抜き取る。

77

9

  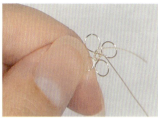

1番目の輪と4番目の輪が隣合わせになるように、輪を広げる。

10

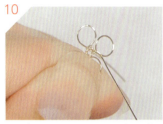

長い方のワイヤーを下から4番目の輪と3番目の輪の間へ通す。

11

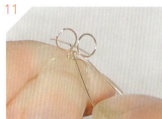

上にきたワイヤーを中心へ通し、平ヤットコを使い下へ引っ張る。

12

2本のワイヤーを根元から3回ねじる。

13

丸ヤットコで花びらの形を作る。

14

全ての花びらが出来たらバランス良く形を整える。

15

指で優しく花びらに動きをつける。

Autumn

金木犀 ―ブレスレット―

16

丸ヤットコで花びらの先端を少し内側に曲げる。

17

全てのワイヤーでここまでの工程を行う。

18

桜19〜21（P23）参照。

19

手袋をつける。

20

ディップ液が完全に乾燥したら花びら1枚に着色しておいたレジンを塗り広げ、UVライトを10秒ほど当てて仮硬化する。

21

残りの花びらもこれを繰り返す。

22

全てのパーツにレジンを塗り終わったら2分硬化する。

23

金木犀パーツの中心にレジンを少量垂らす。

24

ミラクルピックアッパーで金ビーズを置き、仮硬化する。残りのパーツも同じように行う。

25

桜30〜32（P24）参照。

26

金木犀パーツ上部のワイヤーでめがね留めを作る。（P17めがね留めの手順参照）

27

丸カンを開く。

28
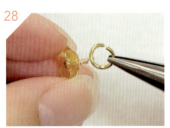
丸カンに金木犀パーツを全て通す。

Autumn

金木犀 ―ブレスレット―

29 ブレスレットの真ん中あたりの大きい方のコマに丸カンを通す。

30 丸カンを閉じる。

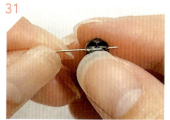

31 Tピンにチェコビーズを通す。

32 平ヤットコで余った部分を横に倒す。

33 1cmほど残し、余った部分はニッパーでカットする。パールも同様。

34 丸ヤットコで端から丸めていく。

35 丸める途中でチェーンの小さい方のコマの間にTピンを通し、再度丸ヤットコで丸めて繋げる。

36 隣の小さい方のコマにパールを繋げる。

81

37 これを繰り返して合計8つ繋げる。もう片方も同じように8つ繋げる。

38 Cカンを開く。

39 一番後ろのコマにCカンを通す。

40 Cカンにシャネルストーンを通す。

41 Cカンを閉じる。

42 完成。

Autumn
桔梗
ーリングー
（花：15×15mm）

必要な材料

1. フォークリング台 片側おわん付 ゴールド
2. 貴和クリスタル #2058 ホワイトオパール/F SS7 ×2
3. メタルビーズ1 金
   〈1-3貴和製作所にて購入〉
4. 接着剤（クリアタイプ）

1

レジンを適量シリコンカップに入れ、好きな色に着色する。（こちらはパープル1滴＋ブルー少々）

2

埃が入らないように蓋をして、気泡が抜けるまで置いておく。（LED照明や陽の光に反応して固まってしまう為、光が当たらない所に置いておく）

3

26ゲージのワイヤーをニッパーで20cmにカットする。

4

ワイヤーの5cmあたりを少し折り曲げる。

5

ゲージスティックの6mmに巻き付ける。

6

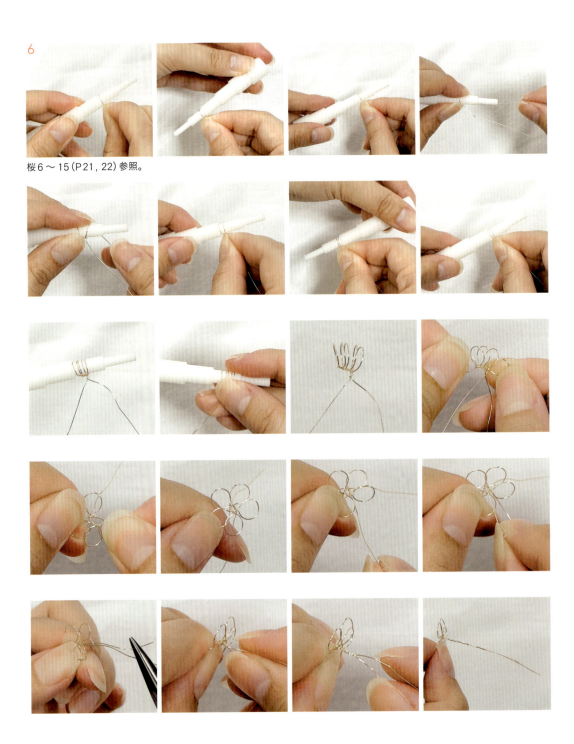

桜6〜15（P21, 22）参照。

Autumn

桔梗 —リング—

7

平ヤットコで輪の中心を山折りにし、花びらの形を作る。

8

全ての花びらが出来たらバランス良く形を整える。

9

指で優しく花びらに動きをつける。

10

桜19〜21（P23）参照。

11

手袋をつける。

12

ディップ液が完全に乾燥したら着色しておいたレジンを花びらに塗り広げ、UVライトを10秒ほど当てて仮硬化する。

13

残りの花びらもこれを繰り返す。

14

全てのレジンを塗り終わったら2分硬化する。

15

桔梗パーツの中心にレジンを少量垂らす。

16

ミラクルピックアッパーでクリスタルと金ビーズを置き、仮硬化する。

17

花びら1枚に薄くレジンを塗り広げ（コーティング）、仮硬化する。

18

残りの花びらもこれを繰り返す。全ての花びらをコーティングしたら4〜6分ほど硬化させる。（レジンがベタベタしなくなるまで硬化が必要）

Autown

桔梗 ―リング―

19

ガーベラ28〜32（P39, 40）参照。

20

完成。

Winter

シクラメン

スノードロップ

椿

Winter
シクラメン
ーブローチ、ネックレス 2way ー
（花1つ：10×10㎜　全体：32×32㎜）

必要な材料

1. シャワーブローチ ゴールド25㎜
2. チェコ ファイヤーポリッシュ Lt.エメラルドセルシアン6㎜×5
3. チェコ ファイヤーポリッシュ Lt.エメラルドセルシアン4㎜×11
4. 丸カン ゴールド6㎜
5. チェーンネックレス
〈1-5貴和製作所にて購入〉

1
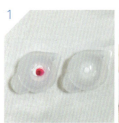

レジンを適量シリコンカップに入れ、好きな色に着色する。（こちらは白1滴と白2滴+赤2滴+ピンク1滴）

2

埃が入らないように蓋をして、気泡が抜けるまで置いておく。（LED照明や陽の光に反応して固まってしまう為、光が当たらない所に置いておく）

3

28ゲージのワイヤーをニッパーで20cmに7本カットする。

4
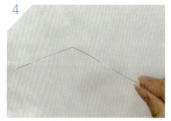

ワイヤーの5cmあたりを少し折り曲げる。

5

ゲージスティックの6㎜に巻き付ける。

6

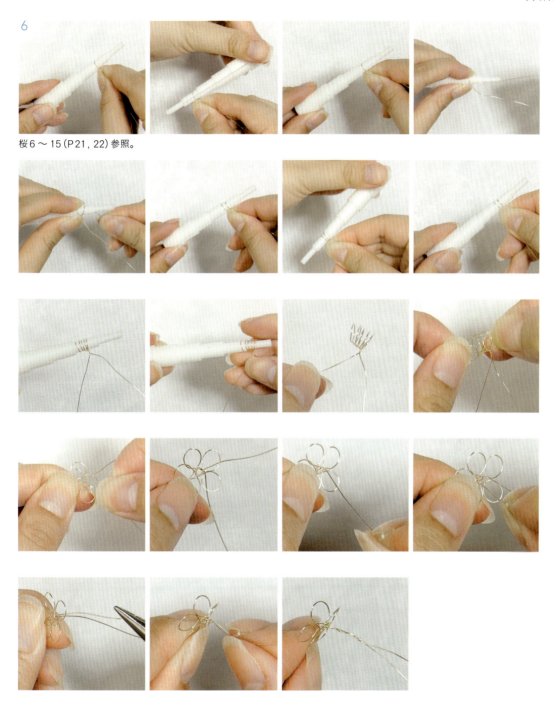

桜6～15(P21, 22)参照。

Winter

シクラメン　―ブローチ、ネックレス2way―

7

丸ヤットコで花びらの形を作る。

8

花びらを上向きにする。

9

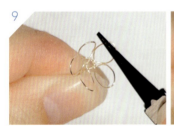  

花びらの先端を2,3枚ランダムで外側に向ける。

10

花びら同士が重ならないように指で向きをバラバラにする。

11

全てのワイヤーでここまでの工程を行う。

Winter

シクラメン ―ブローチ、ネックレス2way―

12

桜19〜21（P23）参照。

13

手袋をつける。

14

ディップ液が完全に乾燥したら、着色しておいたレジン(白)を花びらの縁に塗り広げる。

15

ピンクのレジンを内側に塗り広げ、UVライトを10秒ほど当てて仮硬化する。

16

残りの花びらもこれを繰り返す。

17

花びらを指で起こす。

93

18

内側の隙間を埋めるようにピンクのレジンを塗り、仮硬化する。

19

内側と外側をコーティングする。

20

全ての花びらをコーティングしたら4〜6分ほど硬化させる。(レジンがベタベタしなくなるまで硬化が必要)

21

28ゲージのワイヤーをニッパーで30cmにカットする。

22

ブローチの金具部分とシャワー台を外す。

23

一番端の穴にワイヤーを通して少しだけワイヤーを残し、長い方のワイヤーで3回巻き付ける。

Winter

シクラメン ―ブローチ、ネックレス2way―

24 短いワイヤーをニッパーでカットする。

25 ワイヤーにチェコビーズ6mmを通す。

26 1つ空けて隣の穴に下からワイヤーを通す。

27 チェコビーズ4mmをワイヤーに通す。

28 隣の穴に下からワイヤーを通す。もう1度これを繰り返す。

29 チェコビーズ4mmを2つつけたら、また6mmに戻り繰り返す。(最後のみ4mm 1つ)

30 全てのビーズをつけたら、最後の穴にワイヤーを3回巻き付ける。

31 余ったワイヤーをニッパーでカットする。

32 ねじっていたワイヤー部分を解き、2本に戻す。

33 シャワー台の中心に2本のワイヤーを通す。

34 隣の穴にワイヤー1本を通し、はじめに通した穴に通してシャワー台に2回巻き付ける。

95

35

余ったワイヤーをニッパーでカットする。もう1本も同じように行う。

36

外側から2つ目の穴にワイヤーを2本通し、先ほどと同じようにワイヤーをシャワー台に巻き付けて固定する。

37

ワイヤーを巻き付けた穴から1つ空けて隣の穴に、シクラメンパーツを固定する。

38

1周同じようにシクラメンパーツを固定する。（裏から見た様子）

39

ブローチ金具にシャワー台を取り付ける。（ビーズが爪と被らないようにする）

40

ブローチ金具についている爪を平ヤットコで倒し、シャワー台をしっかり固定する。

41

ブローチの完成。

42

チェーンネックレスに丸カンを通す。

43

丸カンにブローチを取り付けてネックレスの完成。

Winter
スノードロップ
ーイヤーカフー

（花：10×10mm　イヤーカフ：16×18mm）

必要な材料

1. チェーンパーツ 220SDC4 丸カン付 ゴールド 約2.5/3.5cm
2. チェコ ファイヤーポリッシュ オリーブAB4mm×5
3. チェコ ファイヤーポリッシュ オリーブAB3mm×6
4. 貴和クリスタル #5818 片穴 ホワイト6mm×2
5. アーティスティック ワイヤーディスペンサー ゴールド #22
〈1-5貴和製作所にて購入〉
6. ゲージパイプ 2cm（スティックのり等、筒状のもので代用可能）

1
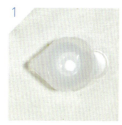

レジンを適量シリコンカップに入れ、好きな色に着色する。（こちらは白1滴）

2

埃が入らないように蓋をして、気泡が抜けるまで置いておく。（LED照明や陽の光に反応して固まってしまう為、光が当たらない所に置いておく）

3

26ゲージのワイヤーをニッパーで18cmに2本カットする。

4

ワイヤーを4cmのあたりで少し折り曲げる。

5

ゲージスティックの10mmに巻き付ける。

97

6

桜6〜9（P21）参照。

7

3つの輪を作る。

8

ゲージスティックから優しく抜き取る。

9

1番目の輪と3番目の輪が隣合わせになるように、輪を広げる。

10

長い方のワイヤーを下から上にくるように3番目の輪と2番目の輪の間へ通す。

11

上にきたワイヤーを中心へ通し、平ヤットコを使い下へ引っ張る。

12

2本のワイヤーを根元から3回ねじる。

13

平ヤットコで輪の上部を山折りにする。

14

全ての花びらが出来たらバランス良く形を整える。

Winter

スノードロップ ―イヤーカフ―

15

指で優しく花びらを上向きにする。

16

丸ヤットコで花びらの先端を内側に少し曲げる。

17

もう1本のワイヤーでここまでの工程を行う。

18

桜19〜21（P23）参照。

19

手袋をつける。

20

ディップ液が完全に乾燥したら着色しておいたレジンを花びらに塗り広げ、UV-LEDライトを10秒ほど当てて仮硬化する。

21

残りの花びらもこれを繰り返し、全てのレジンを塗り終わったら2分硬化する。

Winter

スノードロップ ―イヤーカフ―

22

桜30〜32（P24）参照。

23

片穴パールの穴側に接着剤を適量つける。

24

スノードロップパーツの中心にパールを乗せ、24時間（接着剤に記載されている完全接着時間）おいてしっかり固定させる。

25

ゲージパイプに22ゲージのワイヤーを巻き付ける。

26

ワイヤーの片端を丸ヤットコで掴み丸める。

27

チェコビーズ3mmを通す。

28

チェコビーズ4mmを通す。

101

29

これを3回繰り返したら、チェーンパーツを通す。

30

27．28を繰り返し、全て通したら丸ヤットコで端を丸める。

31

出来上がったパーツを指で内側に曲げて丸くする。

32

スノードロップパーツ上部のワイヤーでめがね留めを作る。（P17めがね留めの手順参照）

Winter

33
チェーンパーツの丸カンを開く。

34
丸カンにスノードロップパーツを通す。

35
丸カンを閉じる。もう片方も同じように繋げる。

36
完成。

スノードロップ ―イヤーカフ―

Winter
椿
ーリングー
（花：13×13mm）

必要な材料
1. フォークリング台 両側お椀付 ゴールド
2. 貴和クリスタル #5818 片穴 ホワイト6mm
3. 花座 No.3 ゴールド6mm
4. 貴和クリスタル #2058 ジョンキル/F SS7
〈1-4貴和製作所にて購入〉
5. 接着剤(クリアタイプ)

1
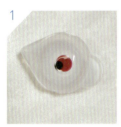  

レジンを適量シリコンカップに入れ、好きな色に着色する。(こちらは白1滴＋赤2滴＋黒少々)

2

埃が入らないように蓋をして、気泡が抜けるまで置いておく。(LED照明や陽の光に反応して固まってしまう為、光が当たらない所に置いておく)

3

28ゲージのワイヤーを20cmに2本カットする。

4

ワイヤーの5cmあたりを少し折り曲げる。

5

ゲージスティックの6mmに巻き付ける。

Winter

椿 ―リング―

6

桜6〜9（P21）参照。

7

4つの輪を作る。

8

ゲージスティックから優しく抜き取る。

9

1番目の輪と4番目の輪が隣合わせになるように、輪を広げる。

105

10

ワイヤー1本を下から上にくるように4番目と3番目の間へ通す。

11

桜14.15（P22）参照

12

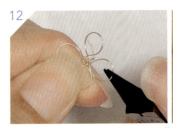

丸ヤットコで輪の上部を谷折りにして、花びらの形を作る。

13

全ての花びらが出来たらバランス良く形を整える。

Winter

椿 ―リング―

14

指で優しく花びらに動きをつける。

15

もう1本のワイヤーでここまでの工程を行う。

16

桜19〜21（P23）参照。

17

手袋をつける。

18

ディップ液が完全に乾燥したら着色しておいたレジンを花びらに塗り広げ、UV-LEDライトを10秒ほど当てて仮硬化する。

19

残りの花びらもこれを繰り返す。

20

全てのパーツにレジンを塗り終わったら2分硬化する。

107

21 1つの椿パーツのワイヤーをニッパーで根元からカットする。

22 もう1つの椿パーツの中心にレジンを垂らす。

23 ワイヤーをカットした椿パーツを乗せて、仮硬化する。

24 椿パーツ中心にレジンを少量垂らす。

25 花座を置き、仮硬化する。

26 花座の中心にレジンを少量垂らす。

27 ミラクルピックアッパーでクリスタルを置き、仮硬化する。

28 花びら1枚に薄くレジンを塗り広げ(コーティング)、仮硬化する。

29 これを残りの花びらにも行う。

30 全てをコーティングしたら4〜6分ほど硬化させる。(レジンがベタベタしなくなるまで硬化が必要)

Winter

椿 —リング—

31 リングの片方のお椀に接着剤を適量つける。

32 パールを乗せる。

33 ガーベラ28〜32（P39，40）参照。

31 完成。

109

Tsukiuni（ツキユニ）

ワイヤーという素材と出会い、ワイヤーアクセサリーの世界に魅了される。ワイヤーとレジンという組み合わせで、お花を中心に色々なアクセサリーを制作。ウェブショップにて不定期に販売会を実施。

公式LINE【https://lin.ee/3cnaNAd】

ワイヤーとレジンで作る
可憐な花のアクセサリー

2025年1月22日 第一刷発行

著者　Tsukiuni

写真　Tsukiuni
ブックデザイン　清水佳子
編集　福永恵子（産業編集センター）

発 行　株式会社産業編集センター
　　　　〒112-0011 東京都文京区千石4-39-17

印刷・製本　株式会社シナノパブリッシングプレス

©2025 Tsukiuni　Printed in Japan
ISBN978-4-86311-429-6　C5077

本書掲載の作品は個人で楽しんでいただくことを前提に製作しています。掲載作品もしくは類似品の全部または一部を商品化するなどして販売等することは、その十段目的に関わらず固く断りいたします。営利目的以外の販売等や作品展などへの出品についても同様です。あらかじめご了承ください。

本書掲載の文章・イラストを無断で転記することを禁じます。
乱丁・落丁本はお取り替えいたします。